نوێژکردن بۆ حکومەت

دێرک پرنس

ئەم بەرهەمە وەرگێڕانێکە لە کتێبی ئینگلیزی:

Praying for the Government
Copyright © 1970 Derek Prince Ministries—International
First published in the UK 1999
This edition published by Derek Prince Ministries—UK 2018
All rights reserved.
ISBN: 978-1-78263-493-5
Product Code: B20

ناوی کتێب: نوێژکردن بۆ حکومەت
نووسەر: دێرک پرنس
وەرگێڕ: نەریمان تاهیر
چاپی یەکەم، ٢٠١٨

نوێژکردن بۆ حکومەت

دێرک پرنس

"ئینجا که گەلەکەم ئەوەی بە ناوی منەوە بانگ دەکرێت، بێفیز
بوون و نوێژیان کرد و ڕوویان لە من کرد و لە ڕێگا خراپەکانیان
گەڕانەوە، من لە ئاسمانەوە گوێ دەگرم و لە گوناهەکانیان
خۆشدەبم و خاکەکەیان چاک دەکەمەوە."

دووەم پوختەی مێژوو ٧: ١٤

به چەندین ڕێگە کڵێسا دەتوانێت کاریگەری لەسەر جیهان هەبێت. من پێشنیاری ئەم چوار ڕێگەیە دەکەم: نوێژ، شایەتی، مزگێنیدان و ئەنجامدانی کاری باش. ئەمانە ئەو ڕێگە سەرەکییانەن که خودا چاوەڕێ دەکات کڵێسا به هۆیانەوه کاریگەرییەکەی لەسەر جیهان دەربخات.

یەزدان حەزدەکات که کڵێسا له ڕێگەی نوێژەوه دەست بەسەر کاروباری جیهاندا بگرێت، ئەمه زۆر به ڕوونی له کتێبی پیرۆزدا ئاماژەی پێ کراوه. ئەگەر کڵێسا نەتوانێت بەم ئەرکەی هەستێت، ئەوا وەکو خوێیەک دەبێت که تامەکەی لەدەستداوه.

بەڵێنی خودا بۆ چاککردنەوەی خاکەکەمان

لە (دووەم پوختەی مێژوو ٧: ١٤)دا هاتووە: **"ئینجا کە گەلەکەم ئەوەی بە ناوی منەوە بانگ دەکرێت، بێفیز بوون و نوێژیان کرد و ڕوویان لە من کرد و لە ڕێگا خراپەکانیان گەڕانەوە، من لە ئاسمانەوە گوێ دەگرم و لە گوناهەکانیان خۆشدەبم و خاکەکەیان چاك دەکەمەوە."** دوای ئەوەی کە سلێمانی دانا پەرستگای تەرخان کرد، یەزدان ئەم پێشبینییەی پێ بەخشی. دڵنیام کە ئێستا زۆرێک لە ئێوە ڕەخنە دەگرن و دەڵێن: "ئەو بەڵێنە چەندین سەدە لەمەوپێش لە پەیمانی کۆندا خودا بە پێغەمبەر سلێمانی داوە و واتایەکی ئەوتۆی بۆ ڕۆژگاری ئەمڕۆ نییە." ڕێگەم بدەن بە کورتی وەڵامی ئەم ڕەخنەیە بدەمەوە.

(دووەم کۆرنسۆس ١: ٢٠) دەڵێت: **"بەڵێنەکانی خودا هەرچییەك بن، بەهۆی مەسیحەوە دەبن بە «بەڵێ». بۆیە بەهۆی ئەوەوە دەڵێین «ئامین» بۆ شکۆمەندی خودا."**

هەندێک لە بەڵێنەکان نە، بەڵکو هەموو بەڵێنەکان! ناڵێت هەرچییەک بووبن، یان هەرچییەک دەبن، بەڵکو هەر چییەک بن، واتە لە ئێستا و لە داهاتووشدا. نەک تەنها "بەڵێ"یەکی سادە، بەڵکو ئەگەر هێشتا گومانت هەبوو ئەوا ئێمە بە هۆی ئەوەوە (مەسیح) بۆ شکۆمەندی خودا دەڵێین بەڵێ و ئامین. "ئێمە" دەگەڕێتەوە بۆ تەواوی شوێنکەوتووانی مەسیح، بە من و تۆشەوە. چۆن خودا شکۆدار دەکەین؟ لە ڕێگەی ڕاگەیاندنی بەڵێنەکانی! هەتا زیاتر بەڵێنەکانی خودا ڕابگەیەنین، زیاتر خودا شکۆدار دەکەین. ئەمڕۆ هەموو بەڵینەکانی خودا لە ڕێگەی مەسیحەوە بۆ ئێمە دەستەبەر کراوە.

ئەگەر بگەڕێینەوە بۆ بەڵێنەکەی (دووەم پوختەی مێژوو ٤: ١٤)، باوەڕم وایە دەزانیت کە چۆن ئەمڕۆ ئەم بەڵێنە من و تۆش دەگرێتەوە! خودا دەفەرموێت: **"... گەلەکەم ئەوەی بە ناوی منەوە بانگ دەکرێت."** واتە گەلی خودا ئەوانەن کە بەهۆی خوداوە بانگ دەکرێن. ئەمە بۆ شوێنکەوتوویەکی مەسیحی چ واتایەکی هەیە؟ واتە ناوی مەسیحت لەسەرە و لەگەڵ ناوی مەسیحدا تێکەڵ بوویی. واتە، لە ڕێگەی ناوی مەسیحەوە بە

مەسیحی ناوزەد کراوی. کەواتە ئەم بەڵێنە بەسەر شوێنکەوتووانی مەسیحدا جێبەجێ دەکرێت: گەلی خودا ئەوانەی کە بە ناوی مەسیحەوە بانگ دەکرێن.

یەزدان دەفەرموێت کە ئەگەر گەلەکەی چوار شت ئەنجام بدەن، ئەوا ئەو سێ شتیان بۆ ئەنجام دەدات. یەکەم جار گەلەکەی دەبێت ئەو چوار شتە ئەنجام بدەن، ئینجا خودا ئەو سێ شتە ئەنجام دەدات کە بەڵێنی داوە. واتە بەڵێنێکی مەرجدارە. یەزدان نەیفەرمووە کە بەبێ مەرج بەڵێنەکەی ئەنجام دەدات، بەڵام دەفەرموێت: **"ئەگەر گەلەکەم مەرجەکانی من جێبەجێ بکەن، ئەوا منیش ئەم کارانە دەکەم."**

ئەگەر سەیری کۆتا بەشی ئایەتەکە بکەین دەبینین ئەوەی کە خودا لە کۆتاییدا بۆ گەلەکەی ئەنجامی دەدات چاککردنەوەی خاکەکەیانە. ڕوونە کە ئەمە ئەو خاکەیە کە لەسەری دەژیان. خودا دەفەرموێت کە گەلەکەی توانای ئەنجامدانی ئەو شتانەیان هەیە کە دەبنە هۆی ئەوەی خودا ئەو خاکەیان بۆ چاک بکاتەوە کە لەسەری دەژین. سەیری ئەو خاکە بکە کە ئێمە لەسەری دەژین. ئایا پێویستی بە چاککردنەوە و شیفادانە؟ بێگومان وەڵامەکەمان بەڵێیە. ئەوەی کە خاکەکەمان پێویستی بە چاککردنەوەیە دەرخەری ئەو ڕاستییە تاڵەیە کە گەلی خودا نەیانتوانیوە ئەو کارە بکەن کە خودا فەرمانی ئەنجامدانی پێکردبوون. ئەنجامدانی ئەم کارە لەسەر شانی ئێمەیە؛ ئیشی بەکارهێنەرانی مادە هۆشبەرەکان نییە، ئیشی لەشفرۆشەکان نییە، هەروەها ئیشی ئەو کەسە نییە کە لە ژیانیدا درگای کڵێسای نەکردوەتەوە، بەڵکو بەرپرسیاریەتییەکە لەسەر شانی ئەو کەسانەیە کە ناوی مەسیحیان هەڵگرتووە!

7

خوێی سەر زەوی

هۆکارێک هەیە کە وای کردووە خاکەکەمان چاک نەبێتەوە، ئەویش ئەوەیە کە ئێمە ئەو کارانەمان ئەنجام نەداوە کە خودا فەرمانی پێکردووین. من لەو باوەڕەدام کە ئەمە ڕاستییەکەیە. ئەمە شێوازێکی دیکەیە لە گوتنی هەمان ئەوەی کە عیسا لە (مەتا ٥: ١٣)دا فەرموویەتی: **"ئێوە خوێی زەوین، بەڵام ئەگەر خوێ سوێرییەکەی نەما، بە چی سوێر دەکرێتەوە؟ ئیتر بەکەڵکی هیچ نایەت، ئەوە نەبێ فڕێبدرێتە دەرەوە و خەڵکی پێشێلی بکەن."** ئەگەر زامی خاکەکەمان بەهۆی بوونی ئێمەوە ساڕێژ نەبووبێت و چاک نەبووبێتەوە، واتای ئەوەیە کە خوێکەی ئێمە تامەکەی لەدەست داوە و سوێرییەکەی نەماوە.

ئیشی خوێ چییە؟ پێش هەموو شتێک بەخشینی چێژ و تامە. هەتا ئەو کاتەی لەسەر زەوین، لە ڕوانگەی یەزدانەوە ئێمە تام بە زەوی دەبەخشین. بە واتایەکی دیکە، یەزدان بەهۆی شوێنکەوتووانی مەسیحەوە جیهان قبوڵ دەکات. بەهۆی ئامادەبوونی ئێمە لەسەر زەوی، یەزدان بە نیعمەت و بەزەییەوە لەگەڵ جیهان دەجوڵێتەوە، لە جێگەی تووڕەیی و مەحکومکردنی.

باوەڕی تەواوم بەوە هەیە کە بۆ هەر شوێنێک بچم بەهۆی منەوە گۆڕانکاری ڕوودەدات، لە کاتی دووەم جەنگی جیهانیدا پەیم بەمە برد. من لە هەر شوێنێک بوومایە سەربازەکانی دەوروبەرم سەلامەت دەبوون. ئەو سەربازانەی کە ژیانیان لە مەترسیدا بوو، ئەوەیان باش دەزانی. کاتێک لە بیابانە سەختەکانی باکوری ئەفریقادا گیرمان خواردبوو، هەندێک لەو سەربازانەی کە بەردەوام کفر و ناسزایان دەگوت، ڕوویان لە من دەکرد و پێیان دەگوتم "ئەفسەر پرنس، خۆشحاڵم کە لەگەڵ ئێمەدای." دەزانن ئەلیشەع چی بە ئەلیاس گوت؟ **"باوکە! باوکە! گالیسکەکەی ئیسرائیل و سوارەکانی"** (دووەم پاشایان ٢: ١٢). ئەو گالیسکە و سوارانە لە کوێ بوون؟ بەدەوری پاشاوە نەبوون، بەڵکو بەدەوری پێغەمبەرانەوە بوون.

ئێمە پارێزەری وڵاتین. ئێمە قەڵغانی هەر نەتەوەیەکین. سەرنجی نموونەی شاری سەدۆم بدە. ئیبراهیم بە خودای گوت: "ئەگەر دە کەسی ڕاستودروست لەنێو شاردا هەبن، ئەوا شارەکە دەپارێزیت؟" خودا فەرمووی "بەڵێ." بەڵام خودا شارەکەی نەپاراست چونکە دە کەسی ڕاستودروستی تێدا نەدیتەوە. من نازانم چەند کەس لەو شارەدا دەژیان، بەڵام دەزانم کە هەمان شت بەسەر ئەم کاتەی ئێمەشدا جێبەجێ دەبێت. دە کەسی ڕاستودروست دەتوانێت شارێکی وەکو سەدۆم ڕزگار بکات. واتە، سەد کەس دەتوانێت شارێک ڕزگار بکەن کە دە ئەوەندەی سەدۆمە. هەزار کەس دەتوانێت شارێک ڕزگار بکەن کە سەد ئەوەندەی سەدۆم بێت. خەفەت بۆ زەوی دەخۆم کاتێك کڵێسا بوونی نامێنێت. ئەو کاتە ئیدی هیچ خوێیەک لەسەر زەوی نابێت. پاشان تووڕەیی و حوکمدان بەبێ هیچ قەید و سنوورێک بەسەر زەویدا دەبارێت؛ بەڵام هەتا ئەو کاتەی ئێمە لێرەین، ئێمە خوێی زەوین.

هەروەها یەکێک لە سوودەکانی دیکەی خوێ ئەوەیە کە شتەکان دەپارێزێت و ناهێڵێت لەناوبچن و بۆن بکەن. پێش دروستبوونی بەفرگرە (ثلاجة)، گۆشت لەنێو خوێدا دەپارێزرا و ئیدی بۆنی نەدەکرد و خراپ نەدەبوو. ئێمەی شوێنکەوتووانی مەسیح، بۆچی لێرەین؟ بۆ ئەوەی ڕێگری لە خراپبوون و بۆنکردن بگرین. بە واتایەکی دیکە ئێمە لەسەر زەوین بۆ ئەوەی ڕێگری لە گەندەڵی بگرین، بە هەموو جۆرەکانیەوە؛ گەندەڵی ئەخلاقی و کۆمەڵایەتی و سیاسی. هەتا ئەو کاتەی لەسەر زەوین، دەبێت ڕێگری بکەین لە گەندەڵی. عیسا فەرمووی: " **ئەگەر خوێ سوێرییەکەی نەما، بە چی سوێر دەکرێتەوە؟ ئیتر بەکەڵکی هیچ نایەت، ئەوە نەبێ فڕێبدرێتە دەرەوە و خەڵکی پێشێلی بکەن."**
کاتێك کڵێسا ئەرکی خۆی وەکو خوێ جێبەجێ نەکرد، ئەوا فڕێ دەدرێت و خەڵکی پێشێلی دەکەن. ئەو خەڵکەی کە پێشێلی دەکەن، دەکرێت کۆمینیست یان نازیی بن، یان دەکرێت شوێنکەوتووی یەکێک لە ڕێبازەکانی دیکە بن کە هێشتا ناوبانگ و دەورێکی ئەوتۆیان نییە؛ بەڵام دەبێت ئەوە بزانین کە خەڵکی کڵێسا لە ژێر پێیان پان دەکەنەوە کاتێک ئەرک و ڕۆڵی خۆی وەکو خوێ لەدەستدەدات.

چوار مەرجەکەی یەزدان

ئەو شتانە چین کە خودا داوا دەکات گەلەکەی ئەنجامی بدەن؟ پێش هەموو شتێک "... **پێویستە گەلەلەم بێفیز بن."** ئەمە بەلای کەسانی ڕاستودروستەوە سەختترین کارە. بە گاڵتەوە وا ناڵێم، بەڕاستمە. دەبینیت هەندێک کەس دەڵێن: "ئەی یەزدان، کارێک بکە بێفیز بم و خۆم بە کەم بزانم." یەزدان هەرگیز شتی وای نەفەرمووە، بەڵکو دەفەرموێت **"بێفیز بە."** واتە، هەرگیز نەیفەرمووە کە من وات لێدەکەم بێفیز و خۆبەکەمزان بیت. خودا ناتوانێت کارێك بکات بێفیز بیت. خودا دەتوانێت شەرمەزارت بکات، هەروەها لەوانەیە ناچار بێت شەرمەزارت بکات، بەڵام تاکە کەسێك کە دەتوانێت بێفیزت بکات، خودی خۆتی. بێفیزی دەبێت لە ناخەوە سەرچاوە بگرێت و ویستی تەواوت لەسەری هەبێ. ئەوە تاکە ڕێگای بێفیزبوون و خۆبەکەمزانینە. ئەگەر نەتەوێت بێفیز بیت، ئەوا دەکرێت لە شەرمەزاریدا خۆت لە خۆڵەمێش هەڵسووی، بەڵام هێشتا بە ئەندازەی تاوس خۆت بە گەورە بزانیت و لووتبەرز بیت.

یەکەم داواکاری و مەرجی یەزدان ئەوەیە کە خۆت نزم بکەیتەوە و ملکەچی خودا بیت. ئەگەر ملکەچی خودا بین، ئەوا ملکەچی وشە و دەسەڵاتەکەشی دەبین. شتێکی ئاسانە کە بڵێم ملکەچی خودام، بەڵام وشەی خودا دەڵێت : **" ... ملکەچی یەکتری بن. ئەی ژنان، ملکەچی مێردەکانتان بن ... ئەی منداڵان، گوێڕایەڵی دایك و باوکتان بن"** (ئەفەسۆس ٥: ٢١-٢٢؛ ٦: ١). ئەمە ئەو شتەیە کە ئاسان نییە. زۆر کەس بانگەشەی ئەوە دەکەن کە ملکەچی خودان، بەڵام کاتێک ملکەچییەکە دێتە سەر کەسانی دیکە، ڕوون و ئاشکرایە کە ملکەچ نین.

ئەگەر دەتەوێ خۆت نزم بکەیتەوە و بێفیزی خۆت دەربخەیت، ئەوا دەبێت تۆ بەو ئەرکە هەستی. خراپ نییە ئەگەر ناوبەناو بە دەمدا بکەویت و نوێژ بۆ یەزدان بکەیت. ئایا هەرگیز شتی وات کردووە؟ بە یەزدان بڵێ: "خودایە، ئەوە منم و ئێرە شوێنی منە. من کرمی خاکم و خاك و خۆڵ شوێنی منە." پێت وایە ئەوە دەچێتە چوارچێوەی کوێرباوەڕی و مێشک تەسکییەوە؟ بەباشی تەماشایەکی نێو کتێبی پیرۆز بکە و بزانە چەند کەسی خوداناس بەو شێوەیە بە دەمدا لەبەردەم یەزداندا کەوتوون. ئیبراهیم و موسا و داود و

دانیال بە دەمدا لە یەزدان پاڕاونەتەوە. دەتوانین بڵێین زۆبەری هەرە زۆری کەسانی پیرۆزی خودا بەو شێوەیە لەگەڵ یەزداندا مامەڵەیان کردووە. ئەگەر ئەوە بەلای موسا و داود و دانیال و کەسانی خوداناسی دیکەوە شتێکی ئاسایی بووبێت، ئەوا دڵنیام هیچ شتێک لە جەنابت کەم ناکاتەوە.

"ئەگەر گەلەکەم ئەوەی بە ناوی منەوە بانگ دەکرێت، بێفیز بوون." ئەمە هەنگاوی یەکەمە و ناکرێت پشتگوێی بخەیت. خودا بەرنامە ڕۆحییەکانی پۆلبەندی کردووە: پۆلی یەک، دوو، سێ و چوار. واتە، هەتا لە پۆلی یەک دەرنەچیت، ناتوانیت پێ بنێیتە پۆلی دواتر. ئەگەر پێویست بکات، پێویستە هەر پۆلێک دە جار دووبارە بکەیتەوە، ئەوا خودا بەلایەوە گرنگ نییە و بەبێ سەرکەوتن ناتخاتە پۆلی دواتر. هەر لەبەر ئەمەیە کە هەندێک لە ئێوە ماوەیەکی زۆرە لە یەک پۆلدا گیرتان خواردووە. بەم شێوەیە بیر مەکەوە: "پەروەردگار، من ناتوانم لە پۆلی یەک سەربکەوم، بەڵام دەتوانم پۆلی دوو ببڕم. ڕێگەم بدە لەمە دەربچم، ئەوەی دواتر دەبڕم." نەخێر، شتی وا نابێت و سوودی نییە!

هەنگاوی دووەم نوێژکردنە. ئەگەر **گەلەکەم ئەوەی بە ناوی منەوە بانگ دەکرێت، بێفیز بوون و نوێژیان کرد."** هەتا خۆت نزم نەکەیتەوە و بێفیز نەبیت، دەست بە نوێژکردن مەکە. بێفیزی لەپێش نوێژکردنەوەیە.

"نوێژیان کرد و ڕوویان لە من کرد." هەنگاوی سێیەم ڕوو لە خودا کردنە. مانای ئەوە چییە؟ پێم وایە مەبەستی ئەوەیە کە ڕاستەوخۆ بڕۆیتە خزمەتی یەزدان- ئەو شوێنەی کە هیچ جۆرە سنوور و کۆسپێکی لێ نییە و ڕووبەڕوو لە خزمەت یەزدانی باڵادەستدایت. لەوانەیە کۆبوونەوەی نزا و نوێژتان هەبێت، بەڵام مەرج نییە ئەمە بچێتە قاڵبی ڕوو لە خودا کردنەوە.

جارێکیان پیاوێکی گەنج کە یەکێک بوو لە خزمەتکارانی کڵێسا، هات بۆ لام و داوای تەعمیدی ڕۆحی پیرۆزی کرد. پێم گوت کە دەکرێت ئێوارەی چوارشەم یەکتری ببینین. بەڵام ئەو گوتی کە ئێوارەی چوارشەم کاتی نییە و دەبێت بڕواتە کۆبوونەوەی نوێژ و نزاوە. منیش پێم گوت کە ئەوە سوودێکی ئەوتۆی نابێت. ئەویش لە وەڵامدا گوتی:

"نەخێر، باشە. ئێمە کاتژمێر هەشت بۆ نۆ نوێژ دەکەین و لە یەزدان دەپاڕێینەوە." بەڵام ئەوە کۆبوونەوەی نوێژ و پاڕانەوەیە نەک ڕوو لە خودا کردن. کاتێک داوای ڕووی خودا دەکەیت، بە واتایەکی دیکە، کاتێک ڕوو لە خودا دەکەیت، دەستبەرداری نوێژ نابیت هەتا دەگەیتە خزمەتی یەزدان- تەنانەت ئەگەر تەواوی شەویش بخایەنێت. زۆرێک لە نوێژ و نزاکان ناچنە چوارچێوەی ڕوو لە خودا کردن، چونکە بەتەواوی ناتوانیت پەیوەندی لەگەڵ یەزداندا ببەستیت.

هەنگاوی چوارەم: "... **لە ڕێگا خراپەکانیان گەڕانەوە."** کێ دەبێت لە ڕێگە خراپەکانیان بگەڕێنەوە؟ مەشروبخۆرەکان، ئەوانەی کە سەردانی کڵێسا ناکەن؟ نەخێر، شوێنکەوتووانی مەسیح - گەلی خودا! ڕێگری و لەمپەرەکانی بەردەم بووژانەوەی ڕۆحی لەنێو کڵێسادایە، نەک لە دەرەوە، هەرگیزیش لە دەرەوە نەبووە.

دەزانیت لێپرسینەوە لەکوێوە دەستپێدەکات؟ لە ماڵی خوداوە. پەترۆس لە (یەکەم پەترۆس ٤: ١٧)دا دەڵێت: **"چونکە کاتی دەستپێکردنی لێپرسینەوەیە لە ماڵی خودا."** پەترۆس بۆ ئەوەی بابەتەکە بەتەواوی ڕوون بکاتەوە، زیاتر دەڕوات و دەڵێت: **"دەستپێک لە ئێمەوە دەبێت."** پاشان بەردەوام دەبێت و دەپرسێت: **"کۆتایی ئەوانە چی دەبێت کە گوێڕایەڵی پەیامی ئینجیلی خودا نابن؟"** خودا هەمیشە بەم شێوەیە جوڵاوەتەوە، واتە لەو کەسانەوە دەستپێدەکات کە زۆترین زانیارییان لایە. **"ئەوەی زۆری دراوەتێ داوای زۆری لێ دەکرێت"** (لۆقا ١٢: ٤٨). لەوانەیە ئێستا تۆ بڵێیت: "بەڕێز پرنس، من هیچ ڕێگایەکی خراپم نییە." منیش لە وەڵامدا پێت دەڵێم: "هەرگیز بەپێی پێویست لە یەزدان نزیک نەکەوتوویتەوە، تاکو درک بە ڕێگا خراپەکانت بکەیت." ئەگەر ڕووت لە یەزدان بکردبا، ئەوا ڕێگە خراپەکانت دەبینی. گوتنی ئەوەی کە هیچ ڕێگایەکی خراپت نییە، دەرخەری ئەو ڕاستییەیە کە تۆ چەندە لە خوداوە دووریت.

لەدوای ئەم چوار هەنگاوە، خودا دەفەرموێت: **"من لە ئاسمانەوە گوێ دەگرم."** ئایا دەتزانی کە خودا بەڵێنی ئەوەی نەداوە کە گوێ لە هەموو نوێژ و نزاکان دەگرێت؟ باوەڕم وایە کە لە زۆرێک لە کڵێساکاندا، نوێژ و نزاکان لە سەقفی کڵێساکە تێپەڕ ناکات. خودا پەیمانی وەرگرتنی هەموو نوێژێکی نەداوە. لەڕاستیدا خودا دەفەرموێ: **"ئەگەر**

بزانین گوێمان لێ دەگرێت، هەرچییەك داوا بکەین دەزانین ئەوەی لە ئەومان داوا کردووە هەمانە" (یەکەم یۆحەنا ٥: ١٥). لێرەدا کارە سەختەکە ئەوە نییە کە دەبێت هەوڵ بدەین خودا وەڵامی نوێژ و دۆعاکانمان بداتەوە، بەڵکو کارە سەختە ئەوەیە کە دەبێت کارێک بکەین خودا گوێ لە نزا و پاڕانەوەکانمان بگرێت.

" **... من لە ئاسمانەوە گوێ دەگرم و لە گوناهەکانیان خۆشدەبم.**" لە گوناهی کێ خۆشدەبێت؟ گوناهی لەشفرۆش و مۆعتادەکان؟ نەخێر، گوناهی کڵێسا!

"**...خاکەکەیان چاك دەکەمەوە.**" کێشەکە بەلای منەوە ڕوونە. ئەگەر خاکێک چاکنەبوویێتەوە، ئەوا بەهۆی گەلی خوداوەیە. من بەباشی سەرنجی ئەمەم داوە، لەپێناوی نوێژم کردووە و تێڕامانم لەسەر کردووە. بەرپرسیاریەتی بارودۆخی هەر گەلێک لە ئەستۆی کڵێسایە. باوەڕی تەواوم بەو قسەیەی خۆم هەیە. ئەگەر خاکەکەمان چاکنەبووەتەوە، ئەوا ئێمە بەرپرسیارین. من بەرپرسیاریەتییەکانت لەگەڵدا باس دەکەم. من باسی شتێکت بۆ ناکەم کە خۆم جێبەجێی نەکەم.

چاکبوونەوە لە ڕێگەی نوێژ و نزاوە

چۆن چاکبوونەوە دێت؟ ئێستا باسی نوێژت بۆ دەکەم و وانەکەم لەسەر (یەکەم تیمۆساوس ٢: ١-٤) دەبێت.

1. **"بۆیە پێش هەموو شتێك تکا دەکەم، نوێژ و نزا و پاڕانەوە و سوپاسگوزاریتان بۆ هەموو خەڵك بێت،**
2. **بۆ پاشا و دەسەڵاتداران، تاکو ژیانێکی ئاشتییانە و بە هێمنی بژین، بەوپەڕی لەخواترسی و ڕێزەوە.**
3. **ئەمەش چاك و پەسەندکراوە لەلای خودای ڕزگارکەرمان،**
4. **ئەوەی دەیەوێت هەموو خەڵکی ڕزگاریان بێت و بۆ ڕاستی ناسین بێن."**

با بەوردی سەرنجێکی ئەو ئایاتە بدەین.

پۆڵس دەڵێت **"پێش هەموو شتێک نوێژ بکەن!"** ئەگەر نوێژکردن پشتگوێ بخەیت، ئەوا سەرەڕای هەبوونی پلانی هەمەچەشن و سیستەم و بەرنامە و پرۆگرام، توانای وەگەڕخستنیانت نابێت. وەکو ئەوە وایە وایەری کارەبات بۆماڵێک دانابێت بەڵام ماڵەکە کارەبای نەبێت. دەبینیت هیچ شتێک ئیش ناکات. دەکرێت وایەرەکان بە ڕێکوپێکی بۆ ناوماڵ ڕاکێشرابێتن و گڵۆپ و پلاکی ڕێکوپێک و جوانی لێبێت، بەڵام بەهۆی نەبوونی کارەباوە بێسوودە. نوێژ سەرچاوەی کارەبای باوەڕی مەسیحییەتە، هەربۆیە پۆڵس دەڵێت: **"پێش هەموو شتێك نوێژ بکەن!"** ئینجا دەڵێت نوێژ بۆ کێ بکەن؟ یەکەم جار، نوێژ بۆ **"پاشا و دەسەڵاتداران"** بکەن. بەپێی ئەو ئەزموونەی کە هەمە دەتوانم بڵێم زۆربەی باوەڕداران بەدەگمەن نوێژ بۆ دەسەڵاتداران دەکەن، لەکاتێکدا دەبێت یەکەم جار نوێژ بۆ ئەوان بکەن. ئەگەر تۆ باوەڕداری ئینجیلیت، ئەوا پێت دەڵێم کە لە کتێبی نزا و پاڕانەوەکەتدا نوێژێک هەیە کە تایبەتە بە دەسەڵاتداران. شتێکی باشە کە ئایەتێکی لەو چەشنە هەیە. بەڵام وەکو باوەڕدارێکی ئینجیلی بەپێی ئەزموونی تاکەکەسیم، شتێکی دیکەتان پێدەڵێم. جیاوازی هەیە لە نێوان گوتنی نوێژ و نوێژکردن. یەک شت نین. زۆر

کەس لە کتێبی نوێژ و نزاکاندا شتێک بە دەنگی بەرز دەڵێن و دوای پێنج خولەک لەبیری دەکەن چییان گوتووە. ئەوە تەنها شتێکی فۆرمالیتە و کلێشەییە.

یەکەم بابەتی تایبەتی نوێژ و نزا چییە؟ "ئەوانەی کە دەسەڵاتیان هەیە": شاژن، حکومەتی ناوەندی، حکومەتی خۆجێیی، قایمقامەکان، بەرپرسانی ئاسایش و پۆلیس و هەموو ئەوانەی کە دەسەڵاتیان لە بەڕێوەبردنی حکومەتدا هەیە. ئایا تۆ نوێژ بۆ ئەو دەسەڵاتدارانە دەکەیت؟ کۆتا شت کە کردت کامیان بوو- ڕەخنەگرتن لێیان یان نوێژکردن بۆیان؟ ئایا دەزانیت کە ئەگەر نوێژ بۆ دەسەڵاتداران بکەیت، ئەوا کەمتر ڕەخنەیان لێ دەگریت؟ خودا داوات لێناکات کە ڕەخنە بگریت، بەڵکو داوای لێدەکات نوێژ بکەیت. ئەگەر نوێژیان بۆ ناکەیت، ئەوا سەرپێچی فەرمانی خودات کردووە. هەرچەندە من خەڵکی بەریتانیام بەڵام نزا بۆ سەرۆکی ئەمریکا دەکەم.

چۆن نوێژ بۆ دەسەڵاتداران بکەین؟ لە کتێبی پیرۆزدا چەندین نوێژی تایبەت بە دەسەڵاتدارانی تێدایە. لە نیوەی دووەمی ئایەتی دووی یەکەم تیمۆساوسدا پێمان گوتراوە کە نوێژ بکەین " **تاکو ژیانێکی ئاشتییانە و بە هێمنی بژین، بەوپەڕی لەخواترسی و ڕێزەوە."** ئەگەر ئەوە کورت و کۆتا و سادەی بکەین، ئەوا دەتوانین بڵێین کە دەبێت نوێژ بکەین بۆ ئەوەی ببینە خاوەنی "حکومەتێکی باش." تۆش هەمان بۆچوونی منت هەیە؟ ئەگەر ژیانێکی ئاشتییانە و بە هێمنی بژین، بەوپەڕی لەخواترسی و ڕێزەوە، ئەوا دەبێت حکومەتێکی باشمان هەبێت. لە ئایەتی سێدا، پۆلس بەردەوام دەبێت و دەڵێت: **"ئەمەش چاك و پەسەندکراوە لەلای خودای ڕزگارکەرمان."** لێرەدا "ئەمە" بۆ چ شتێک دەگەڕێتەوە؟ دەگەڕێتەوە بۆ نیمچەڕستەکەی پێش خۆی کە دەڵێت: "... **تاکو ژیانێکی ئاشتییانە و بە هێمنی بژین، بەوپەڕی لەخواترسی و ڕێزەوە"** – بە کورتی دەتوانین بڵێین: **"بۆ ئەوەی ببینە خاوەنی حکومەێکی باش."**

بۆچی یەزدان حکومەتێکی هێمن و ڕێکوپێک و باشی دەوێت؟ چونکە خودا حەزدەکات هەموو کەسێک ڕزگاری بێت و درک بە ڕاستییەکان بکەن. گەیاندن و بڵاوکردنەوەی ڕاستی بە هەموو کەسێک، لە چ حاڵەت و بارودۆخێکدا ئاسانە؟ لە سایەی حکومەتێکی دادپەروەر، بێلایەن، یاساناس، ڕێکوپێک و خاوەن ئازادیی مەدەنی؟ یان حکومەتێك کە

توانای دامرکانەوەی توندوتیژی و ئاژاوەی نەبێت و نەتوانێت بارودۆخەکە بخاتە ژێر ڕکێفی خۆیەوە، هەروەها دادپەروەر نەبێت و لەهەمان کاتدا دیکتاتۆریش بێت؟ گەیاندنی ڕاستی بە هەموو مرۆڤێک لە سایەی کام لەو دوو حکومەتەدا ئاسانترە؟ وەڵامی کەسی وریا ئەمە دەبێت: حکومەتێکی باش. خودا حکومەتێکی باشی دەوێت، چونکە بڵاوبوونەوەی مژدەی مەسیح پێشدەخات، کە ئەمە ویست و ئیرادەی خودایە. ئەمەش کارێکی ئاسان و سادەیە، هەروەها کردەیی و گونجاوە.

با جارێکی دیکە بیڵێمەوە! کتێبی پیرۆز دەڵێت: "پێش هەموو شتێك شوێنکەوتووانی مەسیح دەبێت نوێژ بکەن. یەکەم بابەتی نوێژکردن و نزاکردنیش *"نوێژکردنە بۆ دەسەڵاتداران."* دەبێت لە پێناو چیدا نوێژ بکەین؟ دەبێت نوێژ بکەین بۆ ئەوەی ژیانێکی ئاشتییانە و بە هێمنی بژین، بەوپەڕی لەخواترسی و ڕێزەوە. بۆچی دەبێت بەم شێوەیە نوێژ بکەین و لە خودا بپاڕێینەوە؟ چونکە ئەمە دەبێتە هۆی بڵاوکردنەوەی پەیامی عیسای مەسیح. ئایا ئەمە شتێکی لۆژیکی نییە؟ ئایا توانیم قایلت بکەم؟ بەلای منەوە، ئەوە شتێکی ڕوون و سادە و تەواو لۆژیکییە، واتە ڕاز و نهێنی نییە. سوپاس بۆ یەزدان کە بە ڕووناکی و تیشکی کتێبی پیرۆز، نهێنی و ڕازەکان ئاشکرا بوون! بابەتێکی سادە و کردەیی و ئاسان و بەکارە. باوەڕم وایە کە خودا دەیەوێت ئێمە ببینە خاوەنی حکومەتێکی باش. با باسی گەل و وڵاتانی دیکە نەکەین بەڵکو چاومان لەسەر هی خۆمان بێت. ویست و ئیرادەی یەزدان ئەوەیە کە ببینە خاوەنی حکومەتێکی باش.

کتێبی پیرۆز لەبارەی نوێژکردن بەپێی ویستی خودا چی دەڵێت؟ (یەکەم یۆحەنا ٥: ١٤-١٥) دەڵێت: **"ئەمەش ئەو متمانەیە کە بەومان هەیە، ئەگەر بەگوێرەی ویستی خۆی داوای شتێك بکەین، گوێمان لێ دەگرێت. ئەگەر بزانین گوێمان لێ دەگرێت، هەرچییەك داوا بکەین دەزانین ئەوەی لە ئەومان داوا کردووە هەمانە."** بە واتایەکی دیکە، ئەگەر بزانیت کە بەپێی ویستی خودا نوێژ دەکەیت، ئەوا دەزانیت کە خودا گوێت لێ دەگرێت؛ ئەوکات ئەگەر بزانیت کە خودا گوێت لێ دەگرێت، ئەوکات دەزانیت کە ئەوە بەدەستدەهێنیت کە داوای دەکەیت. ئەگەر هەبوونی حکومەتێکی باش ویست و ئیرادەی یەزدان بێت، هەروەها کاتێک کە نوێژ بۆ هەبوونی حکومەتیکی باش دەکەین بزانین ویستی خودایە، ئەوکات دەزانین کە خودا گوێی لێمان دەبێت، ئینجا ئەگەر

زانیمان کە خودا گوێی لێمان دەبێت، ئەوکات دەزانین کە ئەوەی کە داوامانکردووە پێمان دەدرێت. هۆکاری نەبوونی حکومەتێکی باش بۆ چی دەگەڕێتەوە؟ هۆکارەکەی ئەوەیە کە گەلی خودا مەرجەکانی یەزدانیان جێبەجێ نەکردووە و نوێژ و نزایان بۆ لای خودا بەرز نەکردووەتەوە.

ئەگەر بەشێوەیەکی گشتی قسە بکەین، دەتوانین بڵێین کە شوێنکەوتووانی مەسیح ئەو حکومەتەیان دەبێت کە شایانین. دواکەوتنێکی زەمەنی لەئارادایە، واتە دەستبەجێ ڕوونادات. بەڵام بەگشتی، باوەڕداران لێپرسراون لەو حکومەتەی کە بەڕێوەیان دەبات. ئەگەر زۆتر نوێژ بکەیت و کاتێکی کەمتر بۆ ڕەخنەگرتن تەرخان بکەیت، ئەوکاتە بابەتی ڕەخنەگرتنیش کەم دەبێتەوە.

دەستێوەردانی قەڵەمڕەوی ڕۆحی

بۆچی گەلی خودا لێپرسراوان؟ چونکە تەنها ئێمە ئامرازی بەدەستهێنانی ئەو ئەنجامانەمان هەیە. **"چونکە زۆرانبازی ئێمە لەگەڵ گۆشت و خوێن نییە، بەڵکو لە دژی سەرۆکەکان، لە دژی دەسەڵاتداران، لە دژی فەرمانڕەوایانی ئەم تاریکییەی جیهانە، هەروەها لە دژی سەربازە بەدکارە ڕۆحییەکانە لە شوێنەکانی ئاسمان"** (ئەفەسۆس ٦: ١٢). پۆڵس دەڵێت "زۆرانبازی دەکەین،" هەندێک کەس بە هەڵە دەیخوێننەوە و لێکیدەدەنەوە و پێیان وایە کە پۆڵس لێرەدا دەڵێت: "زۆرانبازی ناکەین،" بەڵام لەڕاستیدا دەقەکە دەڵێت زۆرانبازی دەکەین، بەڵام نەک لەگەڵ گۆشت و خوێندا. پۆڵس ئەم پلەی بەراوردەی لە یارییە کۆنەکانی ئۆڵۆمپیادەوە وەرگرتووە. مێژوونووسان هاوڕان لەوەی کە یاری زۆرانبازی لە زۆربەی یارییەکانی دیکە ڕەواجی زیاتر بووە. ئەزموونی ژیانی باوەڕداریمان دەکرێت لەگەڵ یاری زۆرانبازیدا بەراورد بکرێت. لە زۆرانبازیدا تەواوی هێز و توانات بەکاردەهێنیت. ژیانی تاکی مەسیحییش بەو چەشنەیە. ئێمە خەریکی زۆرانبازین، بەڵام نەک دژی گۆشت و خوێن. پۆڵس دەڵێت کە ئێمە لەگەڵ مرۆڤەکاندا شەڕ ناکەین.

کەواتە دژی کێ شەڕ دەکەین؟

- "سەرۆکەکان" - شانشینی نەبینراو.

- "دەسەڵاتداران" - قەڵەمڕەوی ئەو دەسەڵاتەی کە لەلایەن ئەم شانشینە نەبینراوانەوە دەستی بەسەردا گیراوە.
- "فەرمانڕەوایانی ئەم تاریکییەی جیهان" - ئەگەر وردترین بینەوە، دەتوانین بڵێین "فەرمانڕەوایانی تاریکی ئەم سەردەمە."
- "سەربازە بەدکارە ڕۆحییەکان" - ئەگەر وردتر بیڵێین: "ڕۆحە بەدکارەکان."

زۆرانبازی و بەربەرەکانێکە لە کوێدا ڕوودەدات؟ "لە شوێنە بەرزەکاندا،" یان ئەگەر وردتر بین: "لە شوێنەکانی ئاسماندا." ئەمە ئاشکراکردن و بینینێکی یەزدانە کە هەموو باوەڕدارێک دەبێت بیزانێت. شانشینێکی ڕێکخرا و ڕێکوپێک هەیە کە دژی خودا و هەموو ویست و خواستەکانی خودایە. ئەو شانشینە ناوی شانشینی شەیتانە. مەسیح فەرمووی کە شەیتان خاوەنی شانشینە. هەروەها فەرمووی کە شەیتان دەسەڵاتی تەواوی بەسەر ئەو شانشینەدا هەیە. شانشینێکی پەرت و بڵاو نییە و تەواو دژی خودایە.

ئەم شانشینە لە شوێنێکدایە کە پێی دەگوترێت "شوێنەکانی ئاسمان." زۆربەی ڕاڤەکاران و شارەزایانی کتێبی پیرۆز دەڵێن کە ئەم شانشینە "ئاسمانی سێیەم" نییە کە شوێنی نیشتەجێبوونی خودی یەزدانە، هەروەها ئاسمانی یەکەمیش نییە کە بە چاو دەبینرێت، بەڵکو ئاسمانی دووەمە کە دەکرێت کە ئاسمانی ناوەندیش ناوی ببەین. شانشینێکی نەبینراو هەیە کە لە سەرەوەی ئاستی ئەم جیهانەوەیە، ئەویش شانشینی تاریکییە. ئەم شانشینە بەتەواوی دژی خودا و ویست و ئیرادە و گەلی خودایە و ناتوانێت ڕقی لێیان نەبێت. ئەم دژایەتی و ڕقلێبوونەوەیە من و تۆش دەگرێتەوە. شەیتان زۆری ڕق لێتە. هەربۆیە بە مەبەستی ئازاردان و لەناوبردنت، ئەوەی لەدەستی بێت دەیکات. دێت بۆ ئەوەی بدزێت و بکوژێت و وێرانمان بکات. شەیتان کەسێکی بێئەندازە بەهێزە.

ڕوخاندن و وێرانکردنی ئەم شانشینە ئەرکی ئێمەی شوێنکەوتووانی مەسیحە. سەرۆک وەزیران و بەرپرسانی باڵای سەربازی وڵات ناتوانن ئەو شانشینە وێران بکەن، چونکە چەکی پێویستیان پێ نییە. ئەگەر شەڕەکە دژی گۆشت و خوێن بوایە ئەوا داوای تانک و

ئۆتۆمبێلی سەربازی و تەیارەی جەنگیمان دەکرد. بەڵام ئەو جۆرە چەکانە هیچ سوودێکیان نییە، چونکە شەڕەکەی ئێمە دژی جەستە و خوێن نییە.

زۆرێک لە بەرپرسانی سیاسی گەیشتوونەتە ئەم دەرەنجامە. لەوانەیە بە زاریان دانی پێدا نەنێن بەڵام جوڵانەوە و هەڵسوکەوتیان دەرخەری ئەو ڕاستییەیە. ڕوونە کە زۆربەی بەرپرسانی سیاسی ئەم وڵاتە[1] ڕووبەڕووی کێشەگەلێک بوونەتەوە کە وەڵام و چارەسەریان بۆی نییە. ئەمە ڕێک ئەو شتەیە کە کتێبی پیرۆز دەیڵێت.

شەڕەکە دژی جەستە و خوێن نییە، بۆیە دەکرێت تۆ کەسێکی نازی بکوژیت بەڵام خۆ ناتوانیت نازیزم لەناو ببەیت. دەتوانیت خەڵکێکی بێ شومار بکوژیت، بەڵام ناتوانیت ئەو هێزە ڕۆحییەی لە پشت ئەو کەسانەوەیە لەناوببەیت و بنەبڕی بکەیت. کوشتنی مرۆڤەکان کێشەکە چارەسەر ناکات. پۆڵسی نێردراو لە (دووەم کۆرنسۆس ١٠: ٣-٥)دا دەڵێت: "هەرچەندە لە جیهاندا دەژین، بەڵام بەگوێرەی بنەمای جیهان ناجەنگین" – جەنگی ئێمە دنیایی و جەستەیی نییە، دژی گۆشت و خوێن نییە. "چونکە ئەو چەکەی شەڕی پێدەکەین جیهانی نییە – واتە بۆمب و چەک و تانک نییە بەڵکو "چەکی خوداییە کە توانای وێرانکردنی قەڵای هەیە." مەبەستمان قەڵای شەیتانە.

سەرنجی شوێنی قەڵاکان بدە! " ... هەموو بەڵگەیەک و هەر شتێک کە بۆ بەرهەڵستی زانیاری خودا دەربکەوێت لەناوی دەبەین، هەموو بیرێکیش بۆ گوێڕایەڵی مەسیح بە دیل دەگرین." لێرەدا دەتوانین "هۆکار" لەجێگەی "بەڵگە" دابنێین. جەنگەکە لە قەلەمڕەوی مێشکدایە، کە هۆکار و خەیاڵ و فکر و هزر و زانیاری دەگرێتەوە. تۆ ناتوانیت سیما و ئاکاری کەسێک بە کوشتنیی بگۆڕیت چونکە لە شوێنی دیکەوە سەرهەڵدەداتەوە.

---

[1] مەبەستی وڵاتی بەریتانیایە.

19

له کاتی حاڵەتی لەناکاوی ماوماو[2] لە ڕۆژهەڵاتی ئەفریقا، دەسەڵاتدارانی بەریتانیا هەندێک لە سەرکردەکانی ماوماویان لە سێدارە دا. مزگێنیدەرێکم دەناسی کە لەکاتی لەسێدارەدانی ئەو سەرکردانەدا لەوێ ئامادە بووە. گوتی کاتێك کە دەبران بۆ سەر پەتی سێدارە، هاواریان دەکرد و دەیانگوت "دەگەڕێمەوە، دەگەڕێمەوە." لەڕاستیدا ئەوە قسەی ئەو سەرکردانە نییە، بەڵکو قسەی ڕۆحە پیسەکانی ناخیان بوو. دەتوانی جەستەی کەسێک بکوژیت، بەڵام ڕۆحە پیسەکەی ناخی دەگەڕێتەوە.

زۆرانبازی ئێمە لەگەڵ گۆشت و خوێندا نییە. چونکە جەنگی ئێمە لە قەڵەمڕەوێکی دیکەدایە، دوژمن و چەکی ئێمە جیاوازە. بەڵام ئەو چەکانەی کە یەزدان پێی داوین بەهێزن! چەکگەلێکن کە هەرگیز لەناوناچن. واتە ئەگەر شکست بهێنین بەهۆی کەمی و خراپی چەکەکەمانەوە نییە بەڵکو بەهۆی ئەوەوەیە کە نەمانتوانیوە بەپێی پێویست بەکاریبهێنین.

نموونەکانی پەیمانی کۆن

دەمەوێت لە پەیمانی کۆندا باسی دوو نموونەتان بۆ بکەم کە ڕووپۆشی ئەو قەڵەمڕەوە نەبینراوە ڕۆحییەتان بۆ ئاشکرا دەکات کە کاروباری مرۆڤەکان دەخاتە ژێر ڕکێفی خۆیەوە و کۆنترۆڵی دەکات. باوەڕم وایە کە هۆکارە ڕۆحییەکان تەواو بڕیار لەسەر کاروباری دنیایی و نەتەوەیی و تاکەکەسی دەدەن. دەبێت ڕووداوە مێژووییەکان و کاریگەریی هۆکاری کۆمەڵایەتی و ئابووری بە هەند وەربگرین. ئەوانە هۆکارگەلی ڕاستین، بەڵام ئەو ڕەگەزە بڕیاردەر و کۆنترۆڵکەرەی کە لە پشت ئەمانەوەیە، ڕۆحییە. لەبەرئەوەیە کە کڵێسا کاریگەری یەکلاکەرەوەی لەسەر کاروباری دنیایی هەیە، چونکە کڵێسا تاکە بریکاریکە کە

---

[2] ساڵی (١٩٥٢ ز.) بەریتانیا حاڵەتی لەناکاوی ڕاگەیاند و جەنگێکی قورسی دژی بزوتنەوەی ماوماوی کینیایی دەستپێکرد، کە بووە هۆی سەرهەڵدانی جەنگێکی خوێناوی لەو وڵاتەدا و قوربانییەکی زۆری بەدوای خۆیدا هێنا. دوای هەشت ساڵ، واتە لە ساڵی (١٩٦٠) حاڵەتی لەناکاو کۆتایی هات و جەنگەکە ڕاگیرا.

دەتوانێت بڕواتە نێو ئەم قەڵەمڕەوە و ئیشی لەسەر بکات. ئەمە شتێکی تەواو لۆژیکییە و مەنتقییە.

بەشی بیست و هەشتی سیپارەی حزقیال لە پەیمانی کۆن، بە جوانترین شێوە ئەم شانشینە ئاشکرا دەکات: شانشینی بینراو کە مرۆڤی ئاسایی فەرمانڕەوایی دەکات لەگەڵ شانشینی نەبینراو کە شەیتان فەرمانڕەوایی دەکات. لە نۆزدە ئایەتی سەرەتای ئەم بەشەدا شین و لاوانەوەمان هەیە، یان دەتوانین بڵێین خودا بە توندی دوو کەس سەرزەنشت دەکات. یەکێک لەو کەسانە "سەرۆکی سوور"ە، ئەوەکەی دیکەش "پاشای سوور"ە. سەرۆکی سوور مرۆڤە کە خۆی بە خودا دەزانێت، بەڵام لە ڕاستیدا ئەو مرۆڤە و مردنی لەپێشە. بەڵام هەرچی پاشای سوورە، نە پێشتر مرۆڤ بووە، نە ئێستا و نە لە داهاتووشدا دەبێتە مرۆڤ. کاتێك نیشانە ڕوونەکانی شوناسی ئەم پاشایەت خوێندەوە کە لە ئایەتی دوزادە هەتا هەژدە ئاماژەی پێکراوە، ئینجا بۆت دەردەکەوێت کە پاشای سوور جگە لە شەیتان کەسی دیکە نییە. لە پشت شانشینی بینراوی سوور و سەرۆکەکەی، شانشینی نەبینراوی سوور و پاشاکەی هەیە، کە فەرمانڕەوای جیهانی تاریکییە، کە خودی شەیتانە. کاروبار و ڕووداوەکانی شانشینی بینراو لەلایەن کاروباری شانیشینە نەبینراوەکەوە بڕیاری لەسەر دەدرێت؛ واتە بڕیار بەدەست شانشینە نەبینراوەکەیە.

باوەڕم وایە کە لە پشت هەر شانشین و وڵاتێک، هەروەها لە پشت هەموو شارێکی گەورەوە فەرمانڕەوایەکی نادیار هەیە. من زۆر شوێن گەڕاوم و سەرنجم داوە کە کاتێک دەچیتە هەندێک شاری تایبەت، هەست بە هەبوونی هێزە ڕۆحییەکان دەکەیت. ئەو هێزانە هەمیشە یەک جۆر نین. جارێکیان لە شاری بەرلینی ئەڵمانیا بووم کە کەشوهەوای بێڕەوشتی و هەوەس باڵی بەسەردا کێشابوو. شارەکانی دیکە کاریگەری دیکەیان هەیە. لە ویلایەتی شیکاگۆی ئەمریکا کەشی توندوتیژی زاڵە. لە شاری نیو ئۆرلیەنزی ویلایەتی لویزیانای ئەمریکا هەست بە ڕۆحی جادوگەری دەکەیت. ئەگەر هەندێک هەستیار بیت ئەوا دەتوانیت درک بەو هێز و دەسەڵاتە ڕۆحییانە بکەیت کە دەستی بەسەر ئەو شوێنەدا گرتووە و خستوویەتییە ژێر ڕکێفی خۆیەوە. ناتوانیت لە شانشینی خودادا بەرەو پێش بچیت، ئەگەر بێتو لە ڕێگەی نوێژ و نزاوە، هێز و توانا ڕۆحییەکان ملکەچ نەکەیت. کاتێک ئەو ملکەچییە ڕوویدا، هەرەسی بووژانەوەی ڕۆحیی، وەکو لافاوێکی گەورە وڵات

و شانیشین و شار ڕادەماڵێت. قەڵەمڕەوی نەبینرا بووەتە لەمپەر و کۆسپ لەبەردەم بوژانەوەیەکی ڕاستەقینە.

ئەو قەڵەمڕەوە ڕۆحییە نەبینراوە، چەند ساڵێک لەمەوپێش بەڕوونی لە ئەرجەنتیندا دەرکەوت. مزگێنیدەرێک بە ناوی میلەر بە چەندین بەرنامە و ئامادەکارییەکی زۆرەوە ڕۆیشت بۆ ئەرجەنتین بۆ ئەوەی پەیامی خودا بڵاو بکاتەوە. بەڵام خودا بۆ ماوەی زیاتر لە مانگێک لە کەنیسەیەکی قوڕینەدا داینا و تاکە شتێك کە دەیتوانی بیکات، نزا و پاڕانەوە بوو. هەتا کاتی ملکەچبوونی ئەو هیز و توانا ڕۆحییانەی کە دەستیان بەسەر ئەرجەنیتیدا گرتبوو، نوێژی کرد و لە یەزدان پاڕایەوە. لە وڵاتی زۆرینە کاتۆلیکی ئەرجەنتیندا، خودا پەرجوئاسا دەرگای بۆ مزگێنیدەرێکی سادەی ئەمریکی کردەوە کە خەڵکی بە مەبەستی گوێگرتن لێی، ڕوو بکەنە گەورەترین یاریگای تۆپی پێی ئەرجەنتین. لە کۆتایی مانگدا، ڕۆژانە دوو سەد هەزار کەس کۆدەبوونەوە بۆ ئەوەی گوێ لە میلەر بگرن. ئەمە یەکێکە لە کارە ناوازەکانی یەزدان کە لە مێژووی کڵێسادا تۆمار کراوە، ئەنجامی ئەو کارەش ملکەچبوون و بەستنەوەی هێزە نادیار و پەنهانەکان بوو.

نموونەیەکی دیکەی پەیمانی کۆن لەبارەی هێزە ڕۆحییەکان لە بەشی دەی سیپارەی دانیالدا بەرچاو دەکەوێت. دانیال سێ هەفتەی تەواو خۆی بۆ نزا و پاڕانەوە تەرخان کرد و داوای لە یەزدان کرد کە بە هانای گەلەکەیەوە بێت. لە دوای ئەو ماوەیە، فریشتەیەک بە بینینێکی خوداییەوە هات کە وەڵامی نوێژەکە بوو. فریشتەکەی یەزدان بە دانیالی پێغەمبەری گوت: **"لەبەر ئەوەی هەر لە یەکەم ڕۆژەوە کە مکوڕ بوویت تێبگەیت و لەبەردەم خوداکەت خۆتت زەلیل کرد، پاڕانەوەکەت بیسترا، منیش لەبەر ئەمانە هاتووم"** (دانیال ١٠: ١٢). دانیال بۆ ماوەی بیست و یەک ڕۆژ لە یەزدان پاڕایەوە و نوێژی کرد لە کاتێکدا هەر لە یەکەم ڕۆژەوە نوێژەکەی وەرگیرابوو. لە ئایەتی سێزدە فریشتەکە هۆکارەکەی ڕوون دەکاتەوە و دەڵێت: **"سەرۆکی ڕۆحە پیسەکانی شانشینی فارس ماوەی بیست و یەك ڕۆژ بەرەنگارم بووەوە، ئینجا میکائیل کە یەکێك لە سەرۆك فریشتەکانە بۆ هاریکاریم هات..."** سەرۆکی شانشینی فارس مرۆڤ نەبوو. ئەم ڕووداوانە لە قەڵەمڕەوی دنیاییدا ڕوویان نەدابوو. فریشتەیەک پەیامەکەی بۆ دانیال هێنا، هەروەها فریشتەیەک دژی پەیامی فریشتەکەی دیکە وەستایەوە. میکایلی فریشتەش، هات بۆ

ئەوەی یارمەتی فریشتەکەی دیکە بدات. واتە، فریشتەکان لە قەڵەمڕەوی ئاسمانیدا خەریکی کێشمەکێش و جەنگ بوون.

ئەوەت بیر بێت کە هۆکاری ڕووداوەکانی ئاسمان بەهۆی ئەوەوە بوو کە لە زەوی ڕوویدا. ئەمە ڕاستییەکی حاشاهەڵنەگر و یەکلاکەرەوەیە. هەتا دانیال نوێژی نەکرد، هیچ شتێك ڕووینەدا. ئەوە دانیال بوو کە هاوکاری فریشتەکەی کرد، نەوەک بە پێچەوانەوە. دانیال فریشتەکەی سەرخست! تەنها گەلی خودا دەتوانن درک بەوە بکەن کە ئێمە دەتوانین کێشەکان چارەسەر بکەین. ئەوەتا تەنانەت فریشتەکان ناتوانن بەسەر کێشەکاندا زاڵ بن.

(ئاشکراکردن ۲۲: ۱۱) پێمان دەڵێت: **"ئەوان - گەلی خودا لەسەر زەوی - بە خوێنی بەرخەکە و بەو شایەتییەی کە دایان بەسەریدا - شەیتان - سەرکەوتن."** ئێمە هۆکاری یەکلاکەرەوەی کاروبارەکانی جیهانین. بە هیچ شێوەیەک زیادەڕەوی لە قسەکانمدا ناکەم. ئەگەر دانیال نوێژی نەکردبا، ئەوا هیچ شتیك لە ئاسماندا ڕوووینەدەدا. دەبوا بیست و یەک ڕۆژ نوێژی بکردبا بۆ ئەوەی وەڵام وەربگرێت. ئەی باشە چی بووە هۆی دواخستنی وەڵامەکە؟ هۆکارەکەی ئەوە نەبوو کە دانیال بەپێی ویست و خواستی یەزدان نوێژی نەکردووە، واتە نوێژ و نزاکەی هیچ کێشەکەی نەبووە. شەیتان کە لە شێوەی سەرۆکی شانیشینی فارسدا دەرکەوتبوو، هۆکاری دواکەوتنی وەڵامەکە بوو.

زۆر کات کە وەڵامی نوێژەکانت وەرناگریت، هۆکارەکەی ئەوە نییە کە بە هەڵە نوێژ دەکەیت، بەڵکو دەبێت ئەوەندە نوێژ بکەیت هەتا سەرۆکە خراپەکارەکان لەسەر ڕێگە لادەچن. ئەگەر ئامادەی ئەنجامدانی ئەوە نیت، ئەوا وەڵامی نوێژەکانت وەرناگریت. دەبێت بەردەوام نوێژ بکەیت هەتا وەڵامەکەی وەردەگریت. دەبێت شەیتان بە تەنگژەدا بکێشیت. زۆربەی باوەڕداران لەوە دەترسن. ئەگەر بچیتە نێو ئەم مەودا و قەڵەمڕەوەوە، ئەوا ڕووبەڕووی هەندێک کێشە و گرفت دەبیتەوە کە زۆبەی باوەڕداران ڕووبەڕووی نابنەوە. هێزە نەبینراوەکان دژی ئەو کەسانە دەوەستنەوە کە بەردەوام و بێوچان نوێژ بۆ دەسەڵاتدارن و بەرپرسان دەکەن. ئەگەر پایەداری و بوێری و ئازەیەتی تەواوت نییە،

ئەوا تەنانەت دەست بەو جۆرە نوێژ و نزایە مەکە. لەوانەیە وشەکانی من بەلاتەوە ڕوون نەبێت، بەڵام ئەوەی کە دەیڵێم بەڕاستمە.

لە (دانیال ١٠: ٢٠)دا، دوای ئەوەی کە بینینییە خوداییەکە گەیەنرایە دانیال، فریشتەکە گوتی: **"ئایا دەزانیت بۆچی هاتمە لات؟ ئێستاش دەگەڕێمەوە و لەگەڵ سەرۆکی ڕۆحە پیسەکانی فارس دەجەنگم، دوای ئەوەی من دەڕۆم سەرۆکی ڕۆحە پیسەکانی یۆنان دێت."** هیچ کام لەم سەرۆکانە مرۆڤ نین. شانشینەکانی پێشتر، هەموویان سەرۆکە شەیتانییەکان لە پشتیان بوون. ئەم شانشینانە زۆر گرنگ بوون، چونکە یەک لە دوای یەک خاکی پیرۆز (ئیسرائیل)یان داگیر دەکرد. یەکەم جار، ئیمپراتۆریەتی بابیلۆن، دواتر فارس، ئینجا یۆنان، لە کۆتاییشدا ئیمپراتۆریەتی ڕۆمانی. لە پشت هەریەک لەو ئیمپراتۆریەتانەوە، دەسەڵاتێکی شەیتانی خۆی مەڵاس دابوو. ڕووداوەکان بەهۆی نوێژی کەسێکەوە بە ناوی دانیال، لە سەرەوە لە ئاسمان بڕیاری لەسەر نەدرا، بەڵکو لە خوارەوە لە سەر زەوی بڕیاری لەسەر درا.

کێ لە کەلێنەکە ڕادەوەستێت؟

یەزدان لە (حزقیێل ٢٢: ٣٠-٣١)دا دەفەرموێت: **"لەنێویاندا بەدوای پیاوێکدا گەڕام شووراکە بنیاد بنێتەوە و لە پێناوی خاکەکە لە کەلێنی شووراکەوە لەبەردەمم ڕابوەستێت، بۆ ئەوەی وێرانی نەکەم، بەڵام دەستم نەکەوت. لەبەر ئەوە هەڵچوونی خۆمیان بەسەردا هەڵدەڕێژم، بە ئاگری تووڕەییم لەناویان دەبەم ..."** بیر لەم فەرمایشتەی یەزدان بکەوە: "ئەگەر لە نێو تەواوی گەلدا کەسێکم پەیدا بکردبا، دەمپاراستن و لەناومنەدەبردن!" ئەوەتا کەسێک دەتوانێت چارەنووسی تەواو گەل بگۆڕێت. بەڵام هیچ کەس ئامادە نەبوو ئەو کارە بکات.

خودا بەدوای پیاوێکدا دەگەڕێت! ئێستا کاتی ئەوەیە کە پیاوانی باوەڕدار وەکو پیاو هەڵسوکەوت بکەن. سەرکردایەتی هەر لە ئەزەلەوە نەدراوەتە دەست ژن. ئەمە بۆ ئەوەی نییە کە بمەوێت لە گەورەیی ژن کەم بکەمەوە، چونکە هەڵەکە لە پیاوانەوەیە. بەتەواوی قەناعەتم بەوە هەیە کە زۆرێک لە پیاوانی باوەڕدار لە سێ ئەرکە

سەرەکییەکەی خۆیان دوور کەوتوونەتەوە - ئەرکی هاوسەر و باوک و ڕابەری ڕۆحی. خودا بەدوای پیاوێکدا دەگەڕێت، *پیاوێک کە لە کەلێنی شووراکەوە لەبەردەم یەزدان ڕابوەستێت و شووراکە بنیات بنێتەوە.* ئەگەر یەزدان نەتوانێت پیاویك پەیدا بکات، ئەوا ئەوە ڕوودەدات کە بەسەر ئیسرائیلدا هات. ئەمە بەدەست تۆیە! ئەگەر ناتوانیت درک بەو ڕاستییە بکەیت، ئەوا داواکارم لە یەزدان کە چاوت بکاتەوە. هەروەها ئەگەر بەرپرسیارییە کەسییەکانت بەئەستۆناگریت، ئەوا دیسان لە یەزدان دەپاڕێمەوە کە بەرەو تۆبەکردنت ببات.

ژیاننامەی نووسەر

دێرک پرنس (١٩١٥ - ٢٠٠٣) لە خێزانێکی ئینگلیز لە وڵاتی هیندستان لەدایک بووە. زمانی یۆنانی و لاتینی لە *کۆلێژی ئیتۆن و زانکۆی کەیمبرجی بەریتانی* خوێندووە و چەند ساڵێک لە *کۆلێژی کینگ* فەلسەفەی کۆن و مۆدێرنی خوێندووە. هەروەها بە شێوەیەکی ئەکادیمی چەندین زمانی مۆدێرنیشی خوێندووە، لەوانە زمانی ئارامی و عیبری لە *زانکۆی کەیمبرج* و *زانکۆی عیبری* لە ئۆرشەلیم.

کاتێک لە ڕیزی سوپای بەریتانیادا، لە کاتی بەشداریکردنی لە جەنگی دووەمی جیهانیدا دەستی کرد بە خوێندنەوەی کتێبی پیرۆز، مەسیحی ناسی و ژیانی بەتەواوی گۆڕانکاری بەسەردا هات. لەو ناسینەوە دوو شتی بۆ دەرکەوت، یەکەم، عیسای مەسیح زیندووە. دووەم، کتێبی پیرۆز ڕاستە و پشتی پێ دەبەسترێت و کتێبێکی هاوچەرخە. ئەم دوو دەرەنجامە گۆڕانکاری بەسەر تەواوی ژیانیدا هێنا، کە بووە هۆی ئەوەی کە دواتر ژیانی خۆی بۆ خوێندن و فێرکردنی پەیامی کتێبی پیرۆز تەرخان بکات.

بەهرەی نووسەر لە ڕوونکردنەوەی کتێبی پیرۆز و فێرکردنەکانی بەشێوەیەکی سادە و ڕوون، بووەتە هۆی ئەوەی کە ملیۆنان کەس بناغەی باوەڕ لە ژیانیاندا بنیات بنێن. شێوازە بێلایەنەکەی بووەتە هۆی ئەوەی کە گرنگییەکی بێ ئەندازەی بۆ هەموو کەسێک هەبێت بەبێ لەبەرچاوگرتنی پێشینەی ڕەگەزی و دینی.

دێرک پرنس خاوەنی زیاتر لە ٥٠ پەڕتووک و ٦٠٠ وتاری دەنگی و ١٠٠ وتاری ڤیدیۆییە، کە زۆربەیان وەرگێڕدراونەتە سەر زیاتر لە ١٠٠ زمان. بەرنامە ڕۆژانە ڕادیۆییەکەی بۆ زمانگەلی وەکو عەرەبی، چینی، کرواتی، ئەڵمانی، مالاگاسی، مەنگۆلی، ڕووسی، ساموانی، ئیسپانی و تۆنگەنی وەرگێڕدراوە. هەتا ئێستاش بەرنامە ڕادیۆییەکەی لە هەموو جیهاندا کاریگەری هەیە.